AF221655

Impressum
Verlag: BABADADA GmbH, Nedderfeld 112 , 22529 Hamburg
Geschäftsführer / Verlagsleitung: Harald Hof
Druck: Books on Demand GmbH, In de Tarpen 42, 22848 Norderstedt

Imprint
Publisher: BABADADA GmbH, Nedderfeld 112 , 22529 Hamburg, Germany
Managing Director / Publishing direction: Harald Hof
Print: Books on Demand GmbH, In de Tarpen 42, 22848 Norderstedt

sekolah
学校

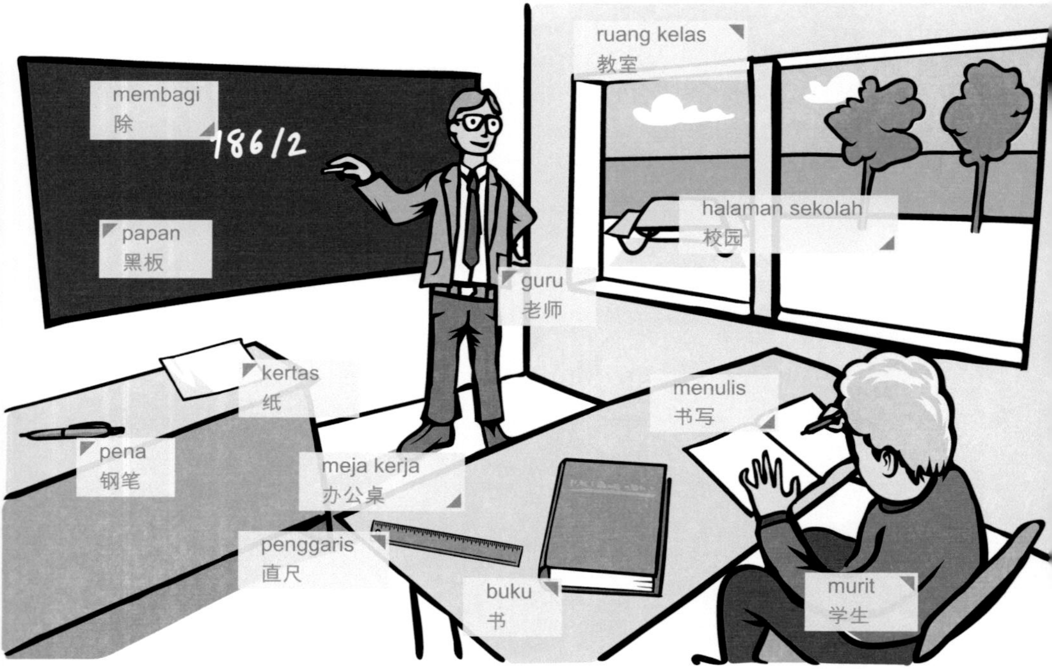
ruang kelas
教室
membagi
除
186/2
halaman sekolah
校园
papan
黑板
guru
老师
kertas
纸
menulis
书写
pena
钢笔
meja kerja
办公桌
penggaris
直尺
buku
书
murit
学生

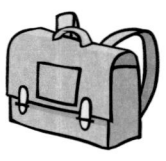

tas sekolah
书包

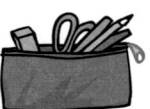

tempat pensil
铅笔盒

pensil
铅笔

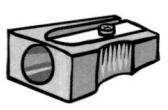

pengasah pensil
卷笔刀

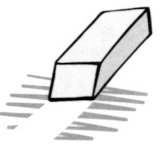

penghapus
橡皮擦

kertas gambar
画板

gambar

图画

kuas

画笔

kotak cat

颜料盒

gunting

剪刀

lem

胶水

buku latihan

练习册

pekerjaan rumah

家庭作业

angka

数字

tambhakan

加

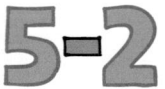

mengurangi

减

mengalikan

乘

menghitung

计算

huruf

字母

alfabet

字母表

kata

字

teks

课文

membaca

读

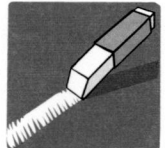

kapur

粉笔

pelajaran

上课

daftar

登记

ujian

考试

sertifikat

证书

seragam sekolah

校服

pendidikan

教育

ensiklopedi

百科全书

universitas

大学

mikroskop

显微镜

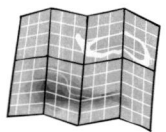

peta

地图

tempat sampah

废纸筐

hotel
酒店

Grand

hostel
青年旅社

ROOMS

kantor pertukaran mata uang
外币兑换处

EXCHANGE

koper
手提箱

mobil
汽车

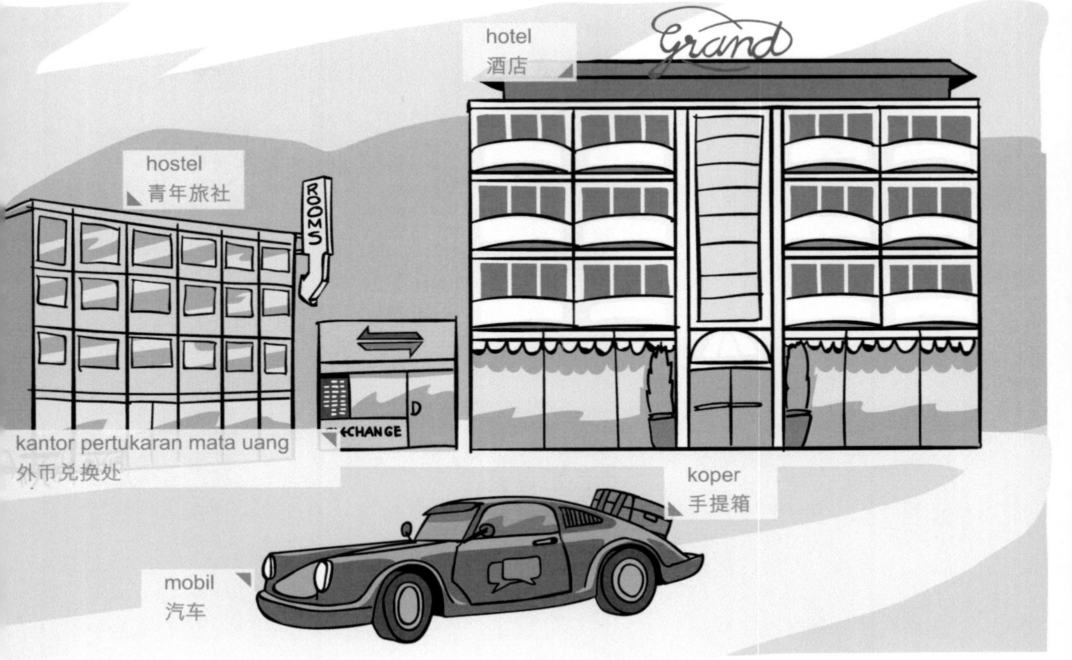

bahasa

语言

ya / tidak

是/否

okay

好的

hallo

您好

penerjemah

翻译员

terima kasih

谢谢

Berapa harganya…?

......多少钱？

saya tidak mengerti

我不明白

masalah

问题

Selamat malam!

晚上好！

Selamat siang!

早上好！

Selamat tidur!

晚安！

sampai jumpa

再见

arah

方向

bagasi

行李

tas

包

ransel

双肩包

tamu

客人

ruang

房间

kantong tidur

睡袋

tenda

帐篷

informasi wisata

旅游信息

pantai

海滩

kartu kredit

信用卡

sarapan

早餐

makan siang

午餐

makan malam

晚餐

tiket

票

elevator

电梯

perangko

邮票

perbatasan

边界

cukai

海关

kedutaan

大使馆

visa

签证

paspor

护照

transportasi
交通运输

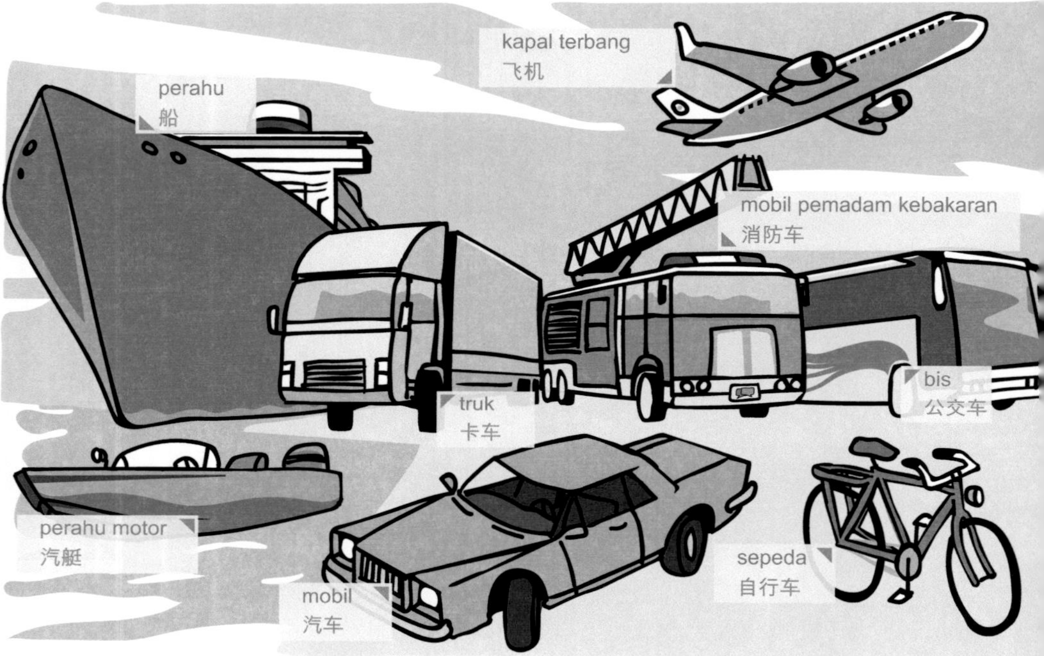

perahu
船

kapal terbang
飞机

mobil pemadam kebakaran
消防车

bis
公交车

truk
卡车

perahu motor
汽艇

mobil
汽车

sepeda
自行车

feri

摆渡船

perahu

小船

sepeda motor

摩托车

mobil polisi

警车

mobil balapan

赛车

mobil sewa

租车

berbagi mobil

拼车

truk derek

拖车

truk sampah

垃圾车

motor

发动机

bahan bakar

汽油

bensin

加油站

tanda lalulintas

交通标志

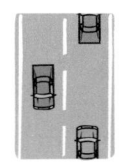

lalulintas

交通

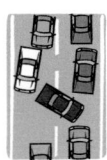

macet

交通堵塞

parkir mobil

停车场

stasiun kereta

火车站

trek

轨道

kereta api

火车

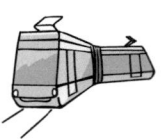

tram

电车

gerobak

货车

helikopter

直升机

bendara

机场

menara

塔

penumpang

乘客

container

集装箱

karton

纸板箱

troli

手推车

keranjang

篮子

berangkat / mendarat

起飞/降落

kota

城市

desa

村庄

pusat kota

市中心

rumah

房子

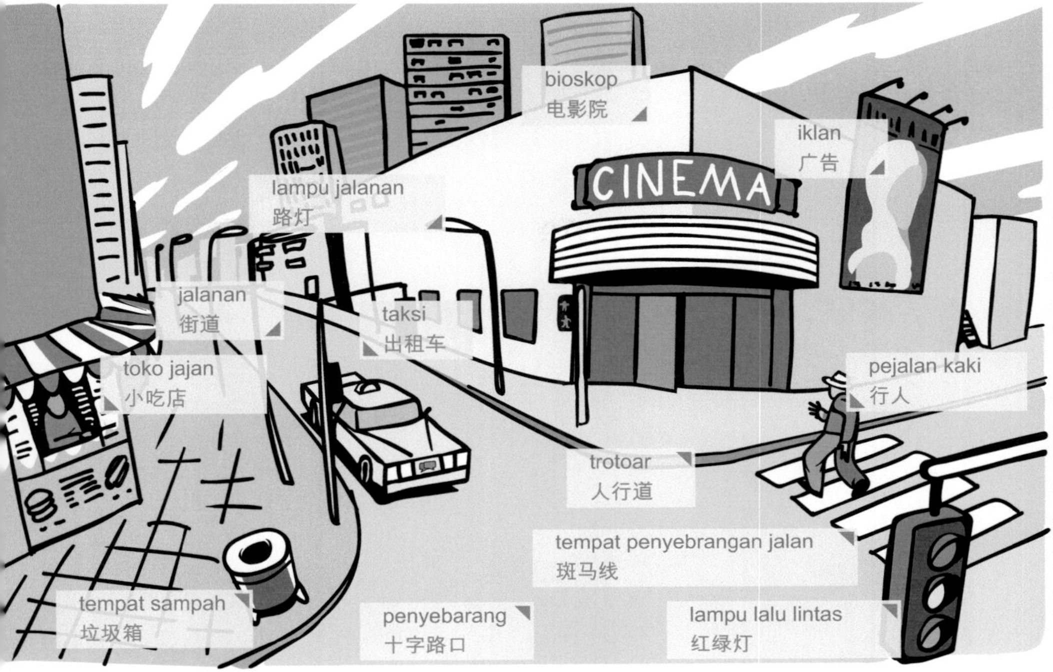
bioskop
电影院
iklan
广告
lampu jalanan
路灯
jalanan
街道
taksi
出租车
toko jajan
小吃店
pejalan kaki
行人
trotoar
人行道
tempat penyebrangan jalan
斑马线
tempat sampah
垃圾箱
penyebarang
十字路口
lampu lalu lintas
红绿灯

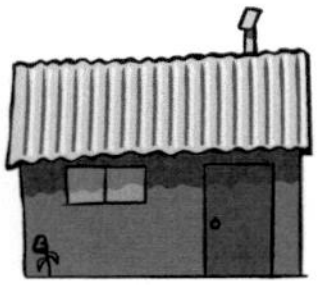

gubuk

小屋

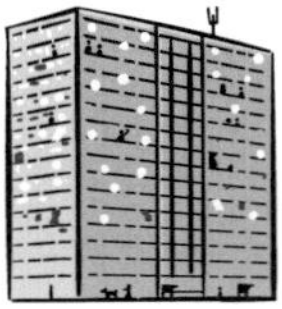

rumah flat

公寓

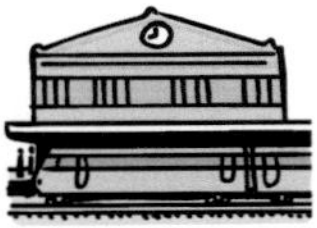

stasiun kereta

火车站

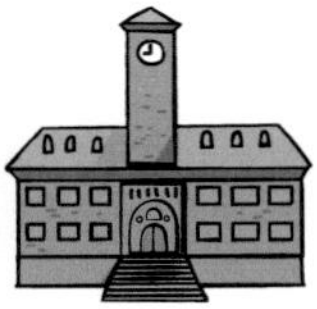

balai kota

市政厅

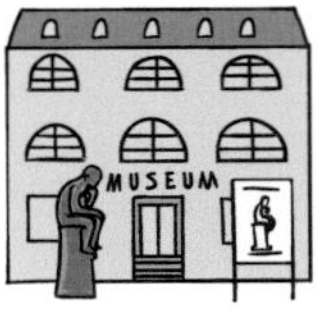

museum

博物馆

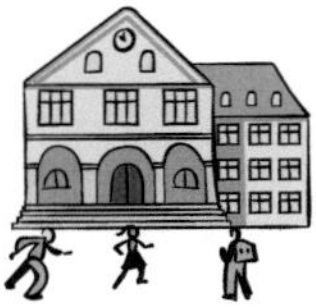

sekolah

学校

universitas

大学

bank

银行

rumah sakit

医院

hotel

酒店

farmasi

药房

kantor

办公室

toko buku

书店

toko

商店

toko bunga

花店

supermarket

超市

pasar

市场

toko serba ada

百货商店

nelayan

鱼店

pusat belanja

购物中心

pelabuhan

海港

taman

公园

banku

长凳

jembatan

桥

tangga

楼梯

kereta bawah tanah

地铁

terowongan

隧道

pemberhantian bis

公交车站

bar

酒吧

restauran

餐馆

kotak surat

邮筒

tanda jalan

路标

meteran parkir

停车计时器

kebun binatang

动物园

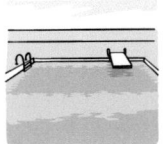

kolam renang

游泳馆

mesjid

清真寺

pertanian

农场

polusi

污染

kuburan

墓地

gereja

教堂

tempat bermain

操场

pura

寺庙

pemandangan
地形

daun
树叶

penunjuk arah
指示牌

jalanan
路

padang rumput
草地

batu
石头

pohon
树

pejalak kaki
徒步旅行者

sungai
河

rumput
草

bunga
花

lembah

峡谷

bukit

山

danau

湖

hutan

森林

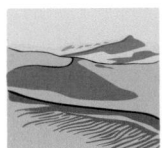

padang gurun

沙漠

gunung berapi

火山

istana

城堡

pelangi

彩虹

jamur

蘑菇

pohon palem

棕榈树

nyamuk

蚊子

lalat

苍蝇

semut

蚂蚁

lebah

蜜蜂

laba-laba

蜘蛛

kumbang

甲虫

kodok

青蛙

tupai

松鼠

landak

刺猬

kelinci

野兔

burung hantu

猫头鹰

burung

鸟

angsa

天鹅

babi jantan

野猪

rusa

鹿

rusa

麋鹿

bendungan

水坝

turbin angin

风力发电机

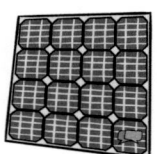

panel surya

太阳能电池板

iklim

气候

restauran
餐馆

pelayan
服务员
daftar makanan
菜单
kursi
椅子
sup
汤
pizza
披萨饼
peralatan makan
餐具
taplak
桌布

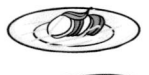

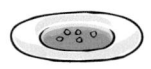

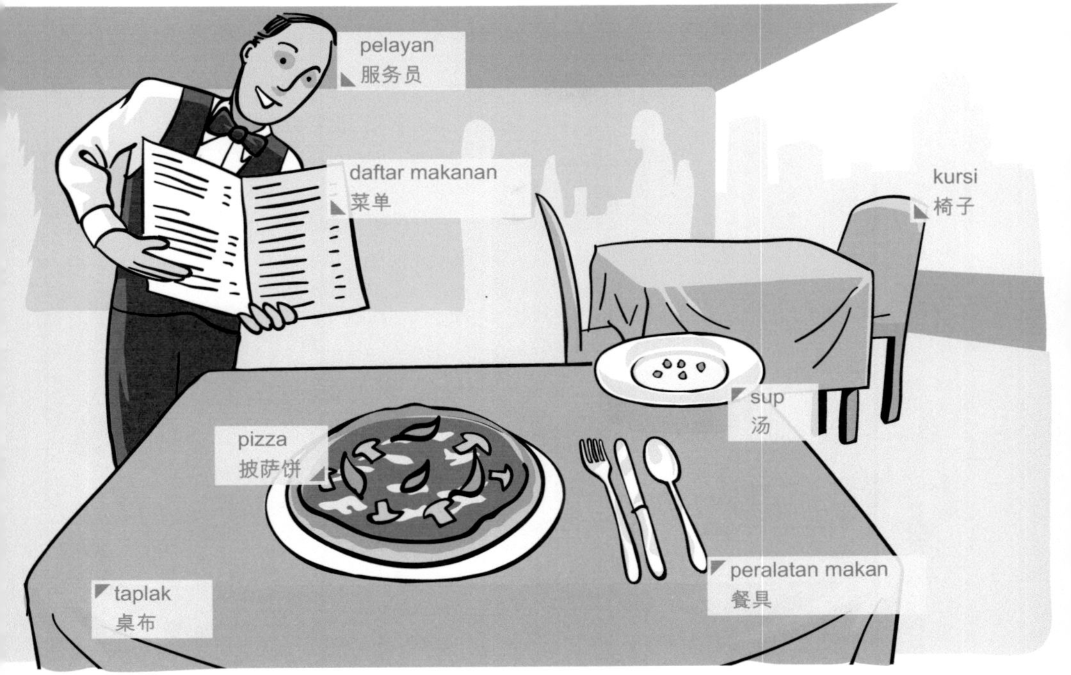

hindangan pembuka

前菜

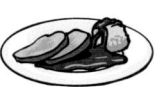

hidangan utama

主菜

hidangan penutup

甜点

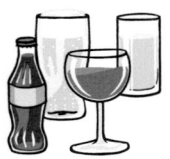

minuman

饮料

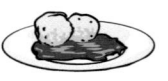

makanan

食物

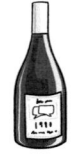

botol

瓶子

fastfood

快餐

masakan jalanan

街边小吃

teko teh

茶壶

kaleng gula

糖盒

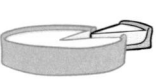

porsi

一份饭菜

mesin espresso

意式咖啡机

kursi tinggi

高脚椅

tagihan

账单

baki

托盘

pisau

刀

garpu

餐叉

sendok

勺子

sendok teh

茶匙

serbet

餐巾

gelas

玻璃杯

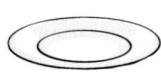

piring

碟子

piring sup

汤盘

lepek

碟子

saus

酱

tempat garam

盐瓶

gilingan merica

胡椒磨

cuka

醋

minyak

食用油

bumbu

调味料

saus tomat

番茄酱

mustar

芥末

mayones

蛋黄酱

supermarket

超市

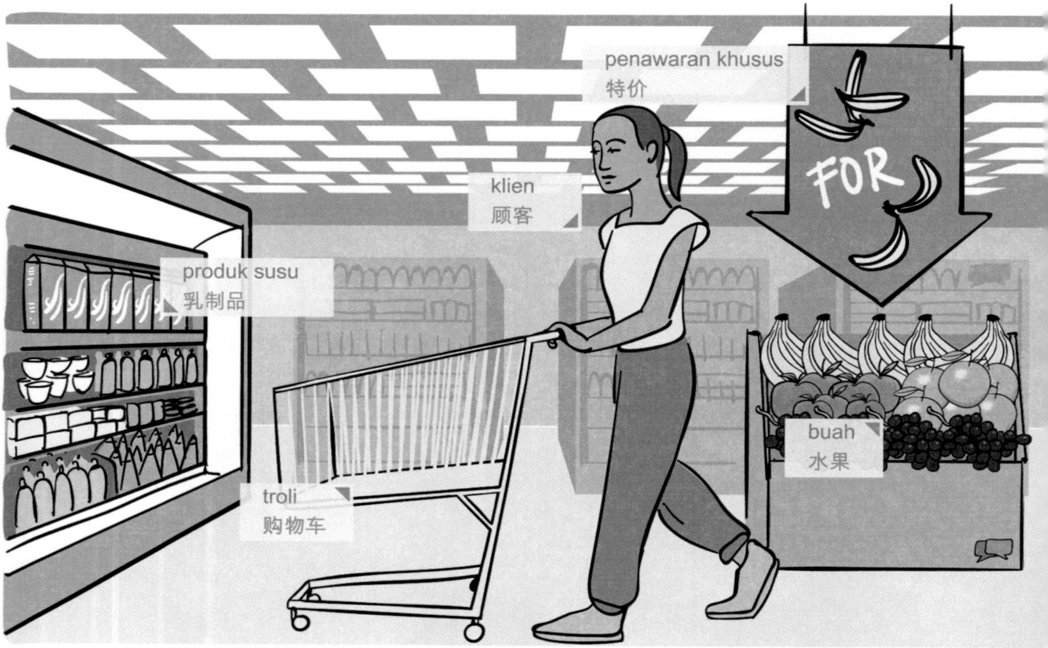
penawaran khusus
特价
FOR
klien
顾客
produk susu
乳制品
buah
水果
troli
购物车

BUTCHERS

pembantai

肉铺

BAKERY

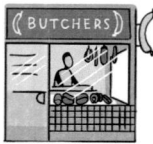

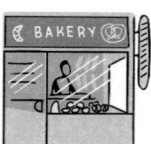

toko roti

面包房

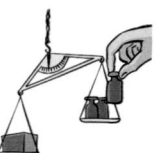

menimbang

称重

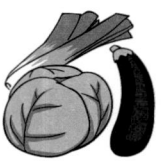

sayur

蔬菜

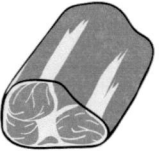

daging

肉

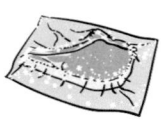

makanan beku

冷冻食品

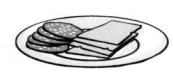

pemotongan dingin

冷盘

makanan kaleng

罐头食品

sabun serbuk

洗衣粉

permen

甜食

alat-alat rumah tangga

日用品

obat pembersihan

清洁用品

penjual

销售员

kasa

收银机

kasir

收银员

daftar belanja

购物清单

jam buka

开放时间

dompet

钱包

kartu kredit

信用卡

tas

袋子

kantong plastik

塑料袋

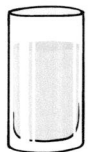

air

水

jus

果汁

susu

牛奶

cola

可乐

anggur

红酒

bir

啤酒

alkohol

酒

coklat

可可

teh

茶

kopi

咖啡

espresso

意式浓缩咖啡

cappucino

卡布奇诺

pisang

香蕉

apel

苹果

jeruk

橙子

semangka

西瓜

jeruk lemon

柠檬

wortel

胡萝卜

bawang putih

大蒜

bambu

竹子

bawang bombai

洋葱

jamur

蘑菇

kacang

坚果

mi

面条

spagetti

意大利面条

nasi

米饭

salat

沙拉

kentang goreng

薯条

kentang goreng

炸土豆

pizza

披萨饼

hamburger

汉堡包

sandwich

三明治

sayatan

炸猪排

ham

火腿

salami

萨拉米

sosis

香肠

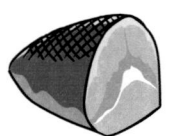

ayam

鸡肉

menggoreng

烤肉

ikan

鱼

bubur gandum

燕麦片

sereal

穆兹利

cornflakes

玉米片

tepung

面粉

croissant

羊角面包

roti

面包卷

roti

面包

toast

烤面包

biskuit

饼干

mentega

黄油

dadih

凝乳

kue

蛋糕

telur

蛋

telur goreng

煎蛋

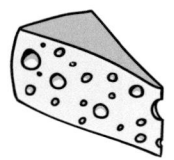

keju

奶酪

eskrim

冰激凌

gula

糖

madu

蜂蜜

selai

果酱

krim nugat

巧克力酱

kare

咖喱饭

pertanian
农场

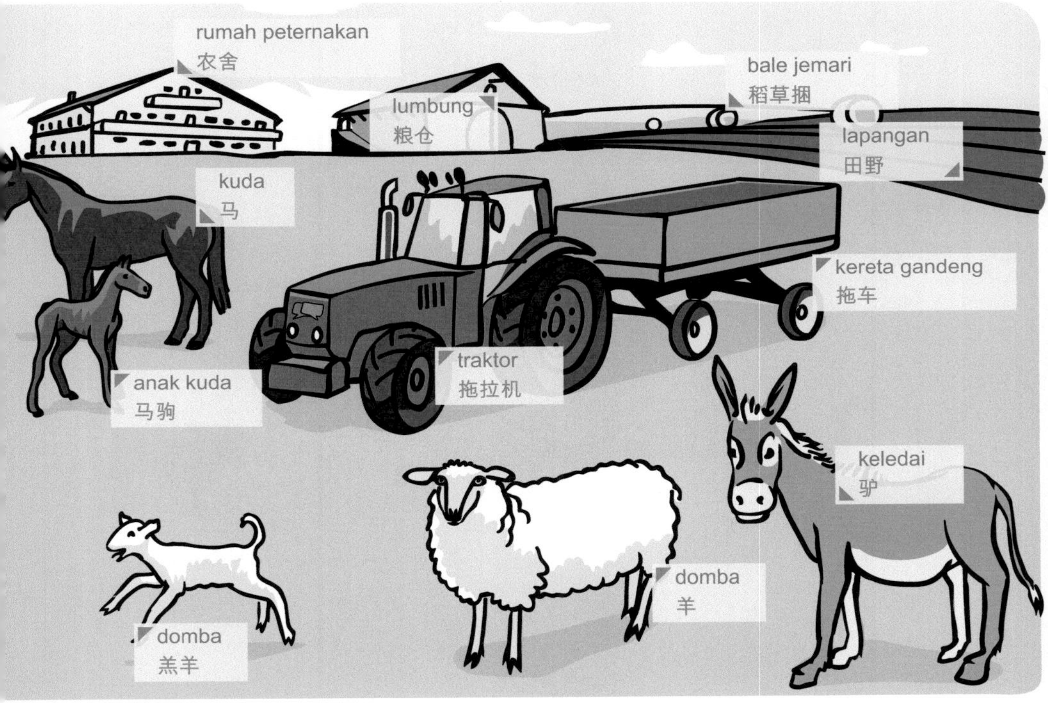
rumah peternakan
农舍
lumbung
粮仓
bale jemari
稻草捆
lapangan
田野
kuda
马
kereta gandeng
拖车
traktor
拖拉机
anak kuda
马驹
keledai
驴
domba
羊
domba
羔羊

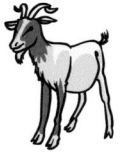

kambing

山羊

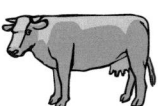

sapi

奶牛

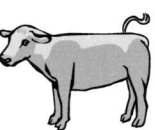

betis

牛犊

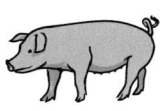

babi

猪

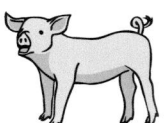

celeng

小猪

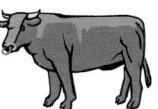

banteng

公牛

angsa

鹅

bebek

鸭

anak ayam

小鸡

ayam

母鸡

ayam jantan

公鸡

tikus

鼠

kucing

猫

tikus

老鼠

lembu

牛

anjing

狗

rumah anjing

狗屋

selang

花园浇水软管

penyiram

洒水壶

sabit

长柄大镰刀

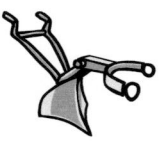

bajak

犁

sabit

镰刀

cangkul

锄头

garpu rumput

长柄草耙

kapak

斧头

gerobak

独轮手推车

palung

饲料槽

kaleng susu

牛奶罐

karung

麻布袋

pagar

栅栏

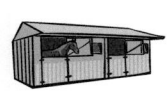

kandang

马厩

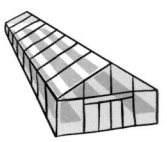

rumah kaca

温室

tanah

土壤

benih

种子

pupuk

肥料

mesin pemanen

联合收割机

panen

收割

panen

收割

yams

山药

gandum

小麦

kedelai

大豆

kentang

土豆

jagung

玉米

lobak

油菜籽

pohon buah

果树

singkong

树薯

sereal

谷物

rumah

房子

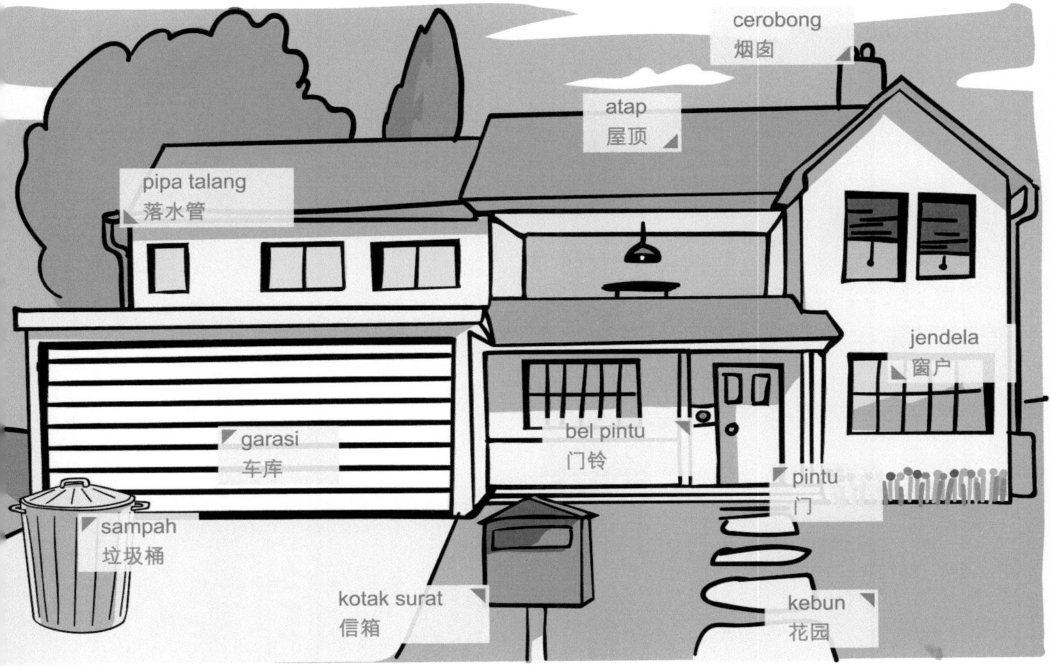

cerobong
烟囱
atap
屋顶
pipa talang
落水管
jendela
窗户
garasi
车库
bel pintu
门铃
pintu
门
sampah
垃圾桶
kotak surat
信箱
kebun
花园

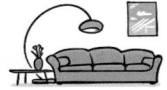

ruang tamu

客厅

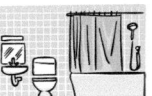

kamar mandi

浴室

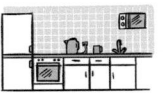

dapur

厨房

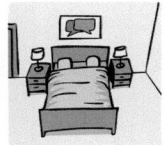

kamar tidur

卧室

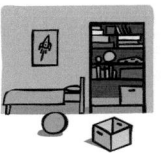

kamar anak

儿童房

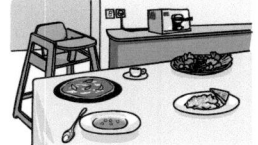

kamar makan

餐厅

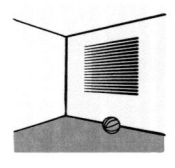

lantai

地板

tembok

墙壁

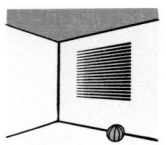

atap

吊顶

gudang di bawah tanah

地窖

sauna

桑拿

balkon

阳台

teras

露台

kolam renang

游泳池

mesin pemotong rumput

割草机

sprei

被单

selimut

床罩

tempat tidur

床

sapu

扫帚

ember

水桶

tombol

开关

ruang tamu

客厅

kertas dinding
壁纸
gambar
照片
lampu
台灯
rak
搁架
kabinet
橱柜
televisi
电视机
perapian
壁炉
bunga
花
bantal
垫子
sofa
沙发
vas
花瓶
remote control
遥控器

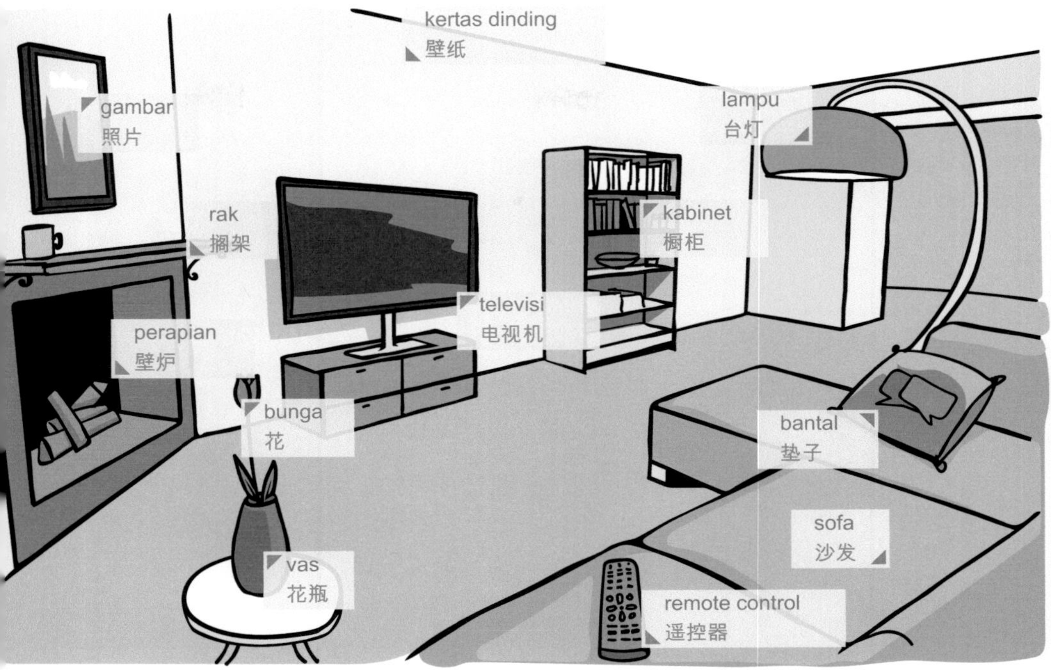

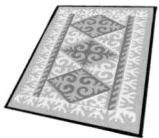

karpet

地毯

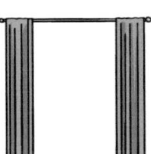

korden

窗帘

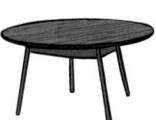

meja

餐桌

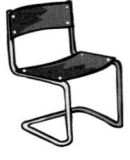

kursi

椅子

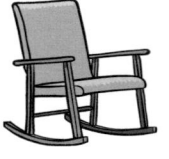

kursi goyang

摇椅

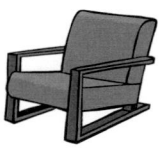

kursi malas

扶手椅

buku

书

selimut

毯子

dekorasi

装饰品

kayu bakar

木柴

filem

电影

hi-fi

高保真音响

kunci

钥匙

koran

报纸

lukisan

油画

poster

海报

radio

收音机

buku tulis

笔记本

penyedot debu

吸尘器

kaktus

仙人掌

lilin

蜡烛

dapur
厨房

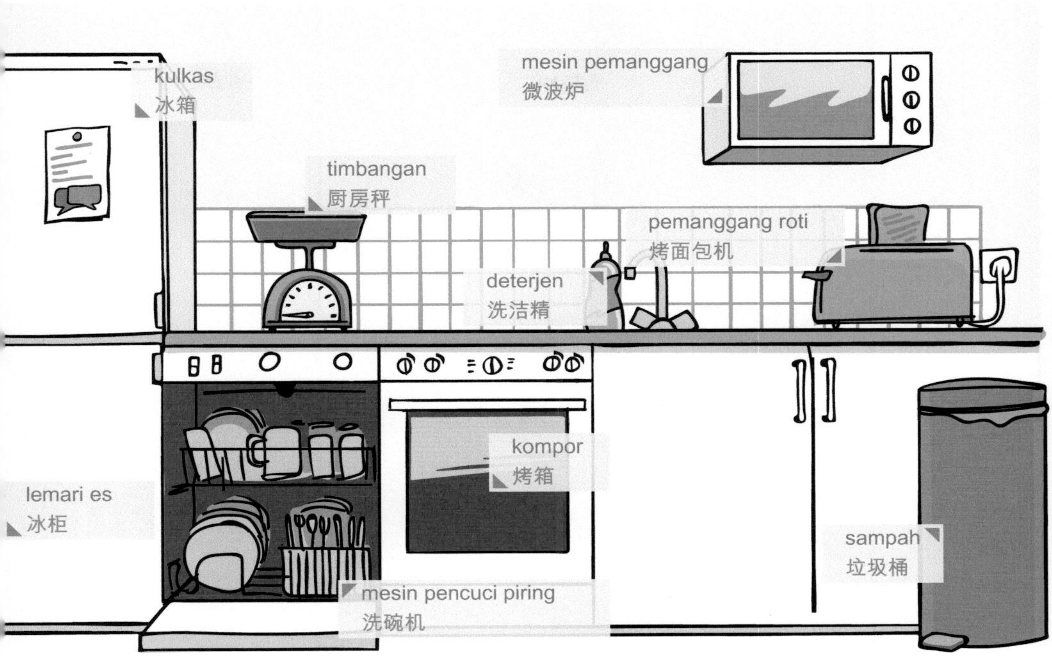

kulkas
冰箱
mesin pemanggang
微波炉
timbangan
厨房秤
pemanggang roti
烤面包机
deterjen
洗洁精
kompor
烤箱
lemari es
冰柜
sampah
垃圾桶
mesin pencuci piring
洗碗机

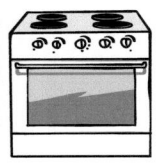

kompor

炊具

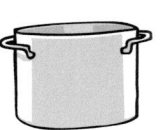

panci

锅

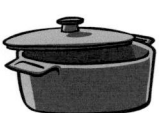

panci besi

铸铁锅

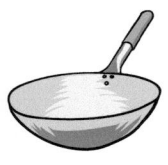

wajan

炒锅

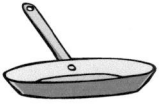

panci

平底锅

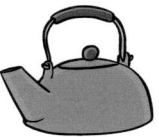

pemanas air

水壶

panci pengukus makanan

蒸锅

nampan

烤盘

piring

陶瓷锅

cangkir

马克杯

mangkok

碗

sumpit

筷子

sendok sup

长柄勺

sudip

铲子

mengocok

搅拌器

saringan

滤网

saringan

筛子

parutan

磨碎机

mortir

研钵

barbeque

烧烤

api terbuka

明火

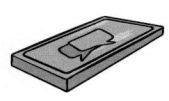

papan memotong

菜板

gilingan

擀面杖

alat pembuka botol

开瓶器

kaleng

罐子

pembuka kaleng

开罐器

pegangan panci

隔热手套

wastafel

水槽

sikat

刷子

busa

海绵

mesin pencampur

搅拌机

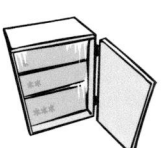

lemari es

冷藏箱

botol bayi

奶瓶

keran

水龙头

kamar mandi

浴室

mesin pemanas
供暖设备
mandi
淋浴
handuk
毛巾
tirai kamar mandi
浴帘
mandi busa
泡沫浴
bak mandi
浴缸
gelas
玻璃杯
mesin cuci
洗衣机
keran
水龙头
ubin
瓷砖
pispot
便壶
wastafel
水槽

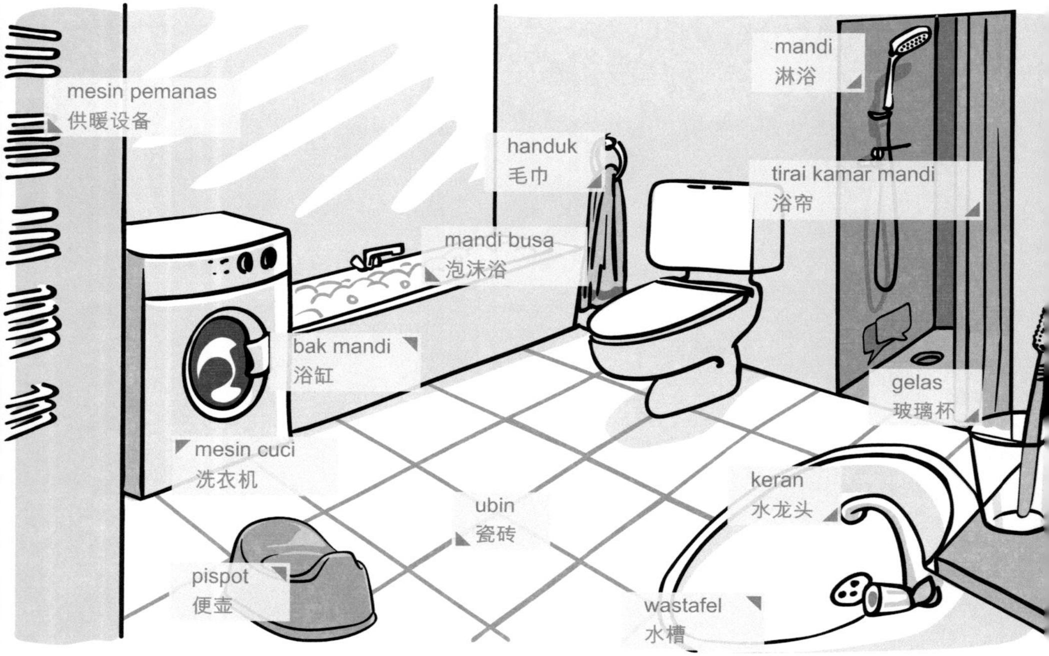

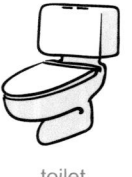

toilet

厕所

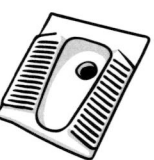

toilet jongkok

蹲便器

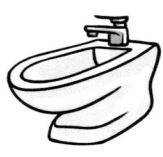

bidet

坐浴器

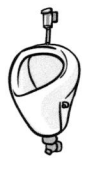

pissoir

小便池

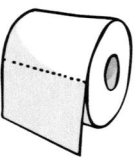

kertas toilet

厕纸

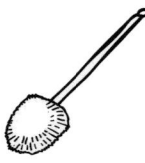

sikat toilet

马桶刷

sikat gigi

牙刷

pasta gigi

牙膏

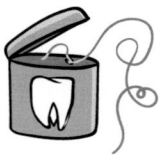

benang gigi

牙线

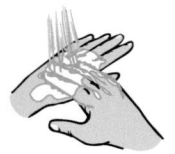

menyuci

洗

pancuran tangan

手持式喷淋头

pancuran

冲洗器

bak

洗脸盆

sikat punggung

擦背刷

sabun

肥皂

gel mandi

沐浴露

sampo

洗发水

planel

法兰绒

kuras

排水

krim

乳霜

deodoran

除臭剂

kaca

镜子

cermin tangan

手镜

pisau cukur

剃须刀

busa cukur

剃须泡沫

aftershave

须后水

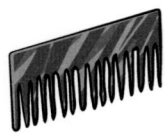

sisir

梳子

sikat

刷子

alat pengering rambut

吹风机

semprot rambut

喷发定型剂

makeup

化妆品

lipstik

唇膏

cat kuku

指甲油

kapas

化妆棉

gunting kuku

指甲剪

minyak wangi

香水

kantong pencuci

洗漱包

bangku

凳子

timbangan

计重秤

mantel mandi

浴袍

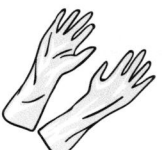

sarung tangan karet

橡胶手套

tampon

卫生棉条

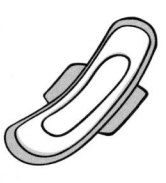

handuk pembalut

卫生巾

toilet kimia

化学厕所

kamar anak
儿童房

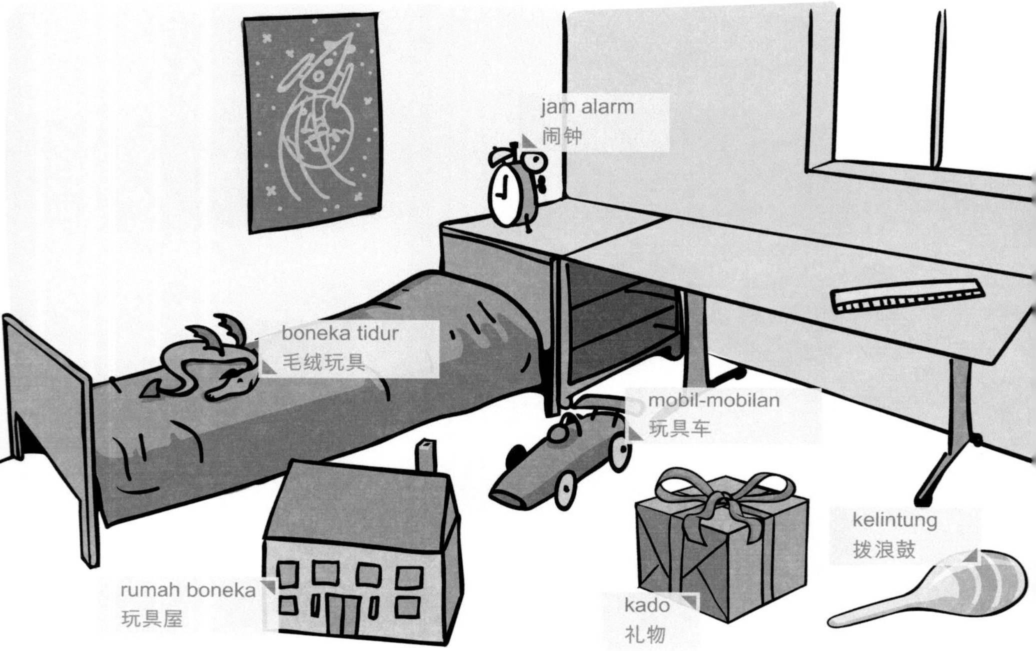
jam alarm
闹钟
boneka tidur
毛绒玩具
mobil-mobilan
玩具车
kelintung
拨浪鼓
rumah boneka
玩具屋
kado
礼物

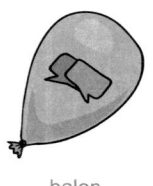

balon
气球

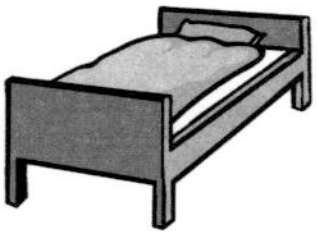
tempat tidur
床

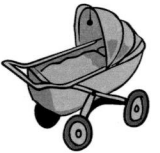

kereta bayi
（洋娃娃用）婴儿车

mainan kartu
扑克牌

teka-teki
拼图

SUPER MEGA
komik
漫画

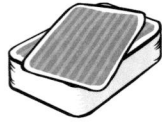

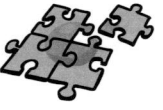

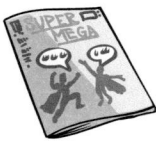

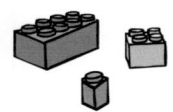

mainan lego

乐高积木

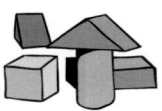

blok mainan

积木玩具

figur aksi

玩具人

baju monyet

婴儿服

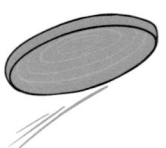

frisbee

飞盘

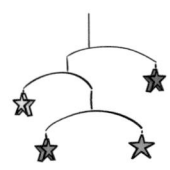

mobile

床铃玩具

permainan papan

棋盘游戏

dadu

骰子

set model kreta api

火车模型

dot

安抚奶嘴

pesta

聚会

buku gambar

绘本

bola

球

boneka

洋娃娃

bermain

玩

tempat main pasir

沙坑

ayunan

秋千

mainan

玩具

video game konsol

游戏机

sepeda roda tiga

三轮车

teddy

泰迪熊

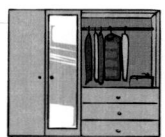

lemari pakaian

衣柜

pakaian
衣服

kaos kaki

袜子

kaos kaki

长袜

baju ketat

紧身裤

syal
围巾

payung
雨伞

kaos
T恤

sabuk
皮带

sepatu bot
靴子

sandal
拖鞋

sepatu
运动鞋

sandal

凉鞋

sepatu

鞋

sepatu bot karet

雨靴

celana dalam

内裤

BH

胸罩

baju rompi

背心

pakaian - 衣服

45

body

身体

celana

裤子

jeans

牛仔裤

rok

短裙

blus

女式衬衫

kemeja

衬衫

aket berkerudung

套头衫

sweater

卫衣

jaket

西装夹克

jaket

夹克

mantel

外套

jas hujan

雨衣

kostum

套装

gaun

连衣裙

gaun pengantin

婚纱

setelan resmi

西装

gaun tidur

睡袍

piyama

睡衣

sari

莎丽

jilbab

头巾

turban

包头巾

burka

波卡

kaftan

卡夫坦

abaya

(阿拉伯式)长袍

pakaian renang

泳衣

celana renang

男式泳裤

celana pendek

短裤

olah raga

运动服

celemek

围裙

sarung tangan

手套

kancing

纽扣

kacamata

眼镜

gelang

手链

kalung

项链

cincin

戒指

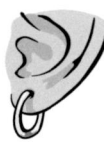

anting

耳环

topi

便帽

gantungan mantel

衣架

topi

帽子

dasi

领带

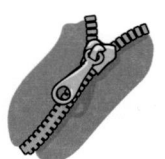

ritsleting

拉链

helm

头盔

tali selempang

背带

seragam sekolah

校服

seragam

制服

oto

围兜

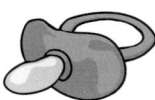

dot

安抚奶嘴

popok

尿不湿

kantor
办公室

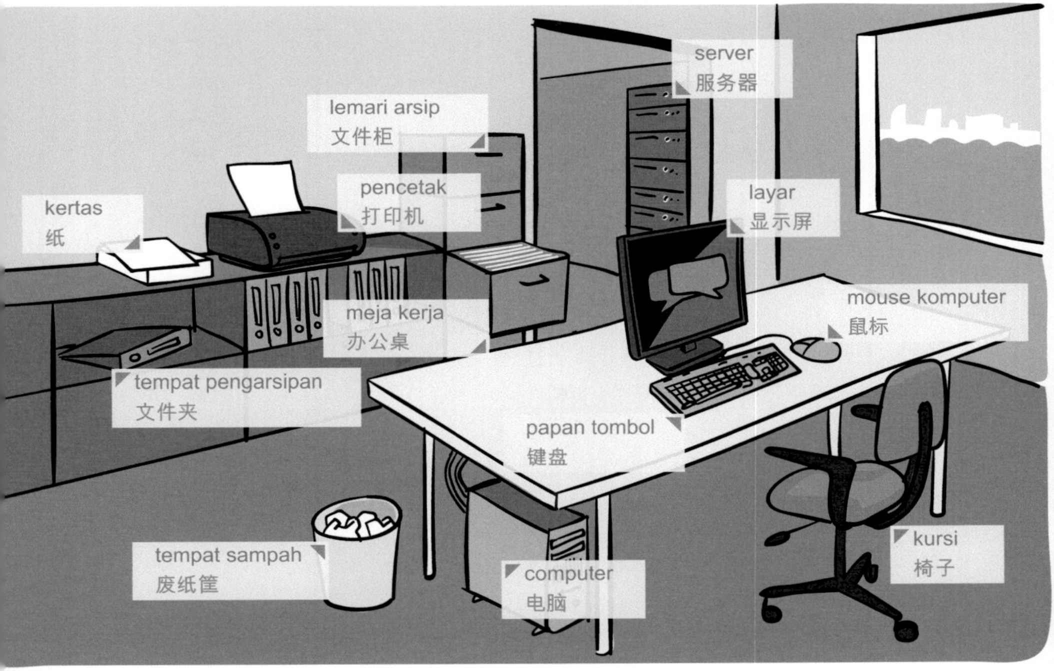

server
服务器

lemari arsip
文件柜

pencetak
打印机

layar
显示屏

kertas
纸

mouse komputer
鼠标

meja kerja
办公桌

tempat pengarsipan
文件夹

papan tombol
键盘

kursi
椅子

tempat sampah
废纸筐

computer
电脑

cangkir kopi

咖啡杯

kalkulator

计算器

internet

因特网

laptop

笔记本电脑

surat

信件

pesan

消息

telepon seluler

手机

jaringan

网络

fotokopi

复印机

software

软件

telepon

电话

plug soket

插座

mesin fax

传真机

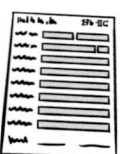

formulir

表格

dokumen

文件

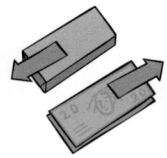

membeli

买

membayar

付钱

berdagang

交易

uang

现金

Dollar

美元

Euro

欧元

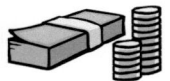

Yen

日元

Rubel

卢布

Franc Swiss

瑞士法郎

Renminbi Yuan

人民币

Rupiah

卢比

ATM

提款处

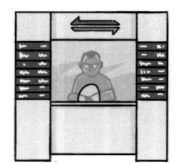

kantor pertukaran mata uang

外币兑换处

emas

金

perak

银

minyak

石油

energi

能源

harga

价格

kontrak

合同

pajak

税金

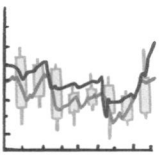

saham

股票

bekerja

工作

karyawan

职员

majikan

老板

pabrik

工厂

toko

商店

pekerjaan
职业

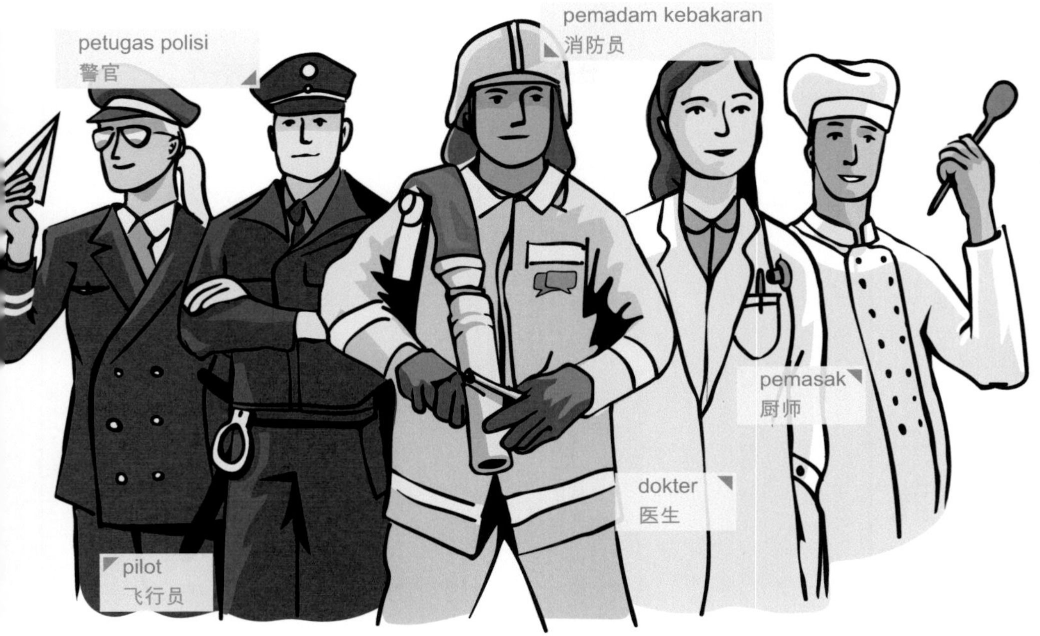

petugas polisi
警官
pemadam kebakaran
消防员
pemasak
厨师
dokter
医生
pilot
飞行员

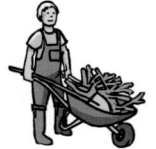

tukan kebun

园丁

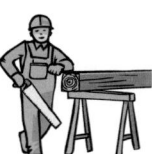

tukang kayu

木匠

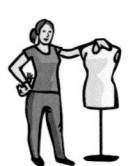

penjahit wanita

裁缝

hakim

法官

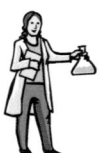

ahli kimia

化学家

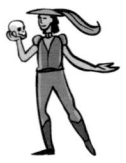

aktor

演员

sopir bis

公交车司机

sopir taksi

出租车司机

nelayan

渔夫

pembantu

清洁女工

tukang atap

屋顶工

pelayan

服务员

pemburu

猎人

pelukis

画家

tukang roti

面包师

tukang listrik

电工

pembangun

建筑工人

insinyur

工程师

tukang daging

屠夫

tukang ledeng

水管工

tukang pos

邮递员

tentara

士兵

arsitek

建筑师

kasir

收银员

penjual bunga

花农

penata rambut

理发师

konduktor

售票员

montir

机械师

kapten

船长

dokter gigi

牙医

ilmuwan

科学家

rabbi

拉比

imam

伊玛目

biarawan

和尚

pendeta

牧师

alat
工具

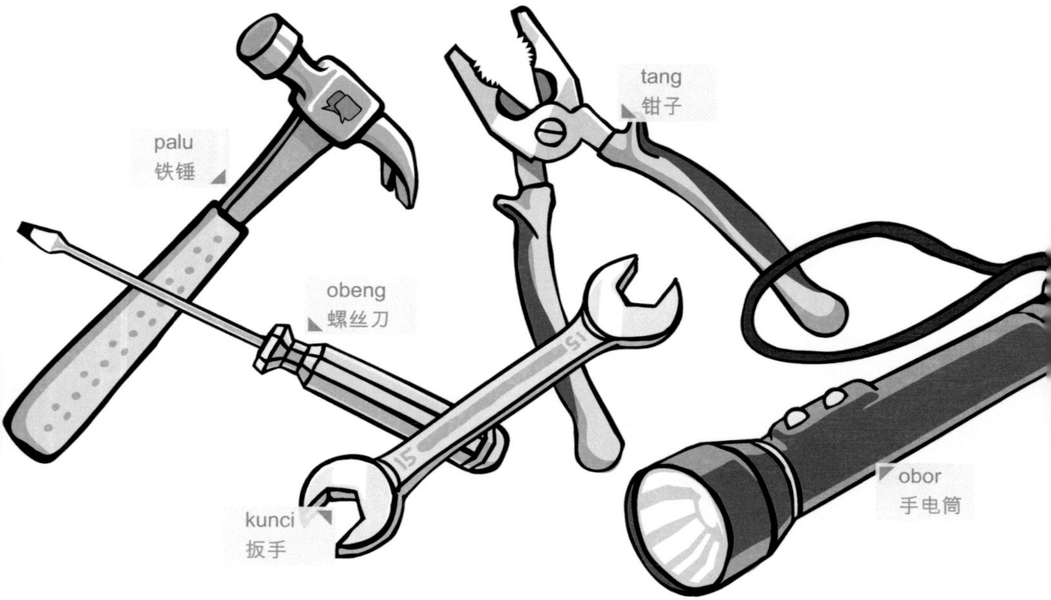
palu
铁锤
tang
钳子
obeng
螺丝刀
kunci
扳手
obor
手电筒

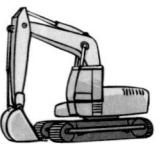

penggali
挖掘机

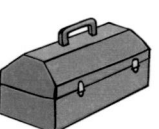

tas perkakas
工具箱

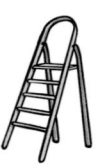

tangga
梯子

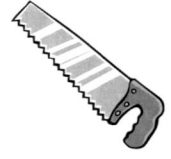

gergaji
锯子

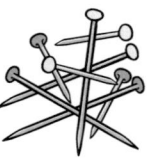

paku
钉子

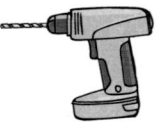

bor
钻机

perbaikan

修

sekop

铲子

Sialan!

靠！

cikrak

簸箕

pot cat

油漆桶

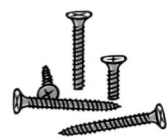

sekrup

螺丝

alat musik
乐器

pengeras suara
扬声器

alat drum
打击乐器

gitar
吉他

bas
低音提
琴

trompet
小号

piano

钢琴

violin

小提琴

bass

贝斯

tambur

定音鼓

drum

鼓

keyboard

电子琴

saksofon

萨克斯管

suling

长笛

mikrofon

麦克风

kebun binatang
动物园

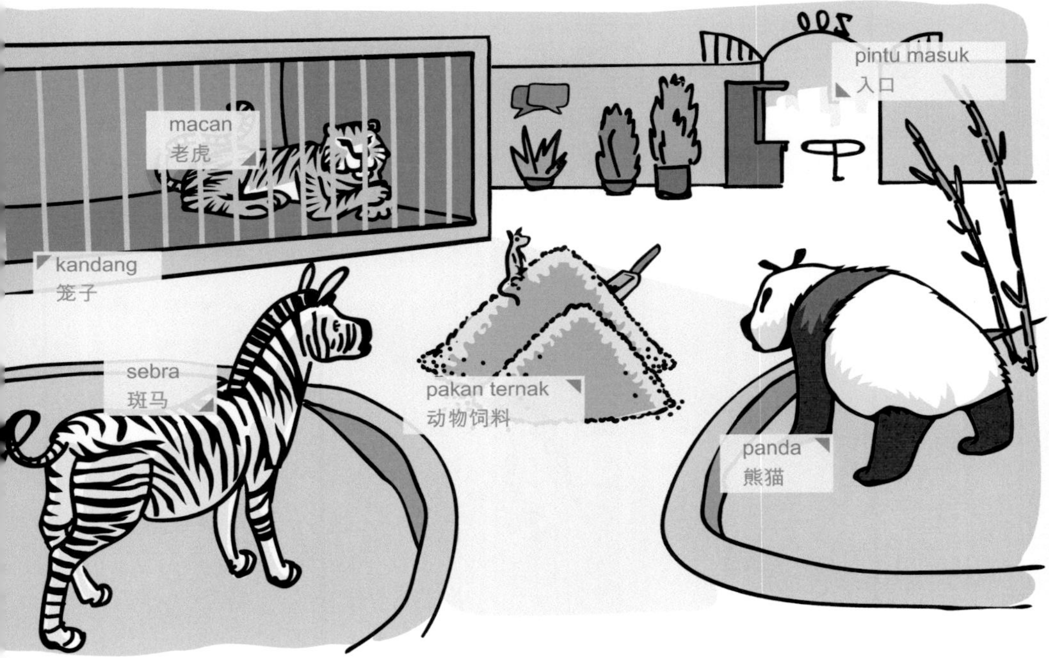

pintu masuk
入口
macan
老虎
kandang
笼子
sebra
斑马
pakan ternak
动物饲料
panda
熊猫

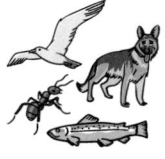

hewan

动物

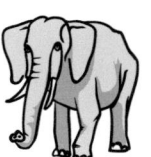

gajah

大象

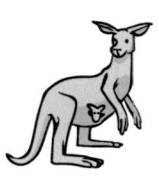

kanguru

袋鼠

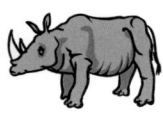

badak

犀牛

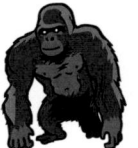

gorila

大猩猩

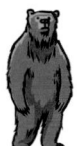

beruang

熊

unta

骆驼

burung unta

鸵鸟

singa

狮子

monyet

猴子

flamingo

火烈鸟

burung beo

鹦鹉

beruang polar

北极熊

penguin

企鹅

hiu

鲨鱼

merak

孔雀

ular

蛇

buaya

鳄鱼

penjaga kebun binatang

动物园管理员

segel

海豹

jaguar

美洲豹

kuda poni

矮种马

macan tutul

豹

kuda nil

河马

jerapah

长颈鹿

burung elang

老鹰

babi jantan

野猪

ikan

鱼

kura-kura

龟

anjing laut

海象

rubah

狐狸

kijang

羚羊

american football
橄榄球

naik sepeda
骑自行车

tennis
网球

basketbal
篮球

bernang
游泳

tinju
拳击

hoki es
冰球

sepak bola

英式足球

badminton

羽毛球

atletik

田径

bola tangan

手球

main ski

滑雪

polo

马球

meloncat
跳

ketawa
笑

memeluk
拥抱

menyanyi
唱

berjalan
走路

mengimpi
做梦

berdoa
祈祷

mencium
亲吻

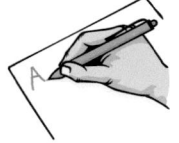

menulis

书写

melukis

画

menunjuk

展示

mendorong

推

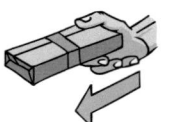

memberikan

给

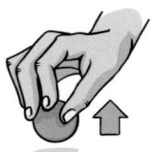

mengambil

拿

mempunyai

有

melakukan

做

adalah

当

berdiri

站

berlari

跑

menarik

拉

melempar

扔

jatuh

摔倒

tidur

躺

menunggu

等待

membawa

携带

duduk

坐

berpakaian

穿衣

tidur

睡觉

bangun

醒来

melihat

看

menangis

哭

mengelus

抚摸

menyisir

梳头

berbicara

交谈

mengerti

明白

menanyak

问

mendengar

听

minum

喝

makan

吃

merapikan

清理

cinta

爱

memasak

做饭

menyetir

开车

terbang

飞

berlayar

航行

menghitung

计算

membaca

读

belajar

学习

bekerja

工作

menikah

结婚

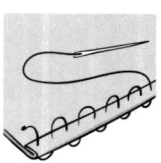

menjahit

缝

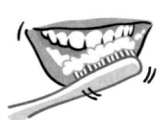

sikat gigi

刷牙

membunuh

杀

merokok

抽烟

kirim

寄

keluarga
家

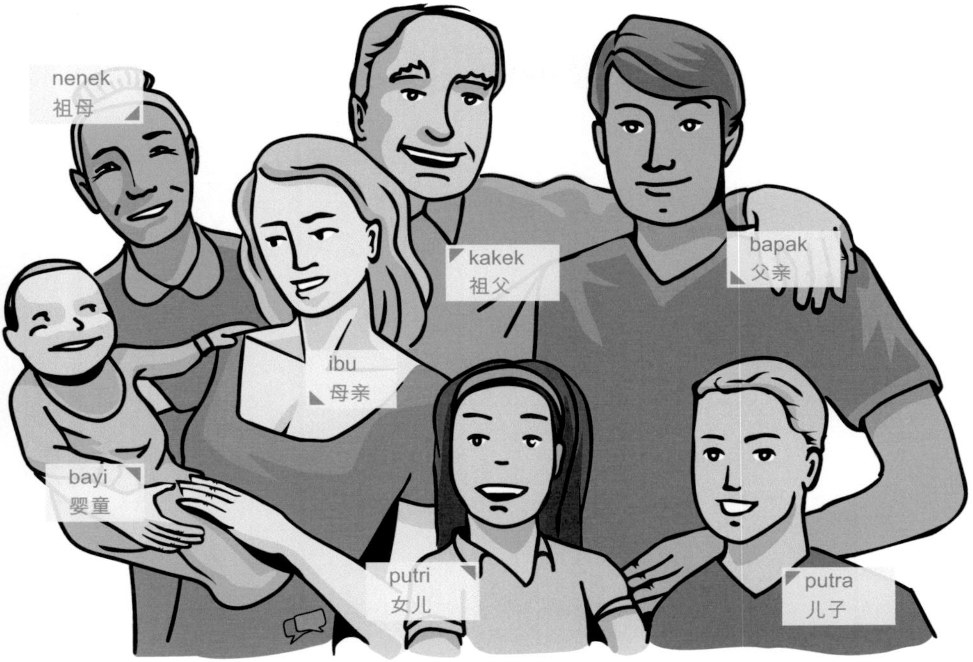
nenek
祖母
kakek
祖父
bapak
父亲
ibu
母亲
bayi
婴童
putri
女儿
putra
儿子

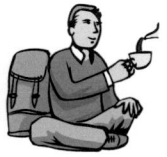

tamu

客人

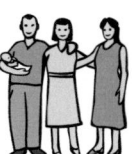

bibi

阿姨

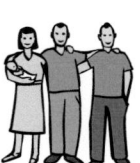

paman

叔叔

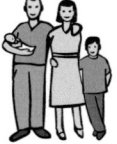

kakak laki

兄弟

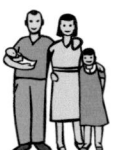

kakak perempuan

姐妹

badan

身体

dahi
前额
mata
眼睛
muka
脸
dagu
下巴
jari
手指
tangan
手
payudara
乳房
lengan
手臂
bahu
肩膀
kaki
腿

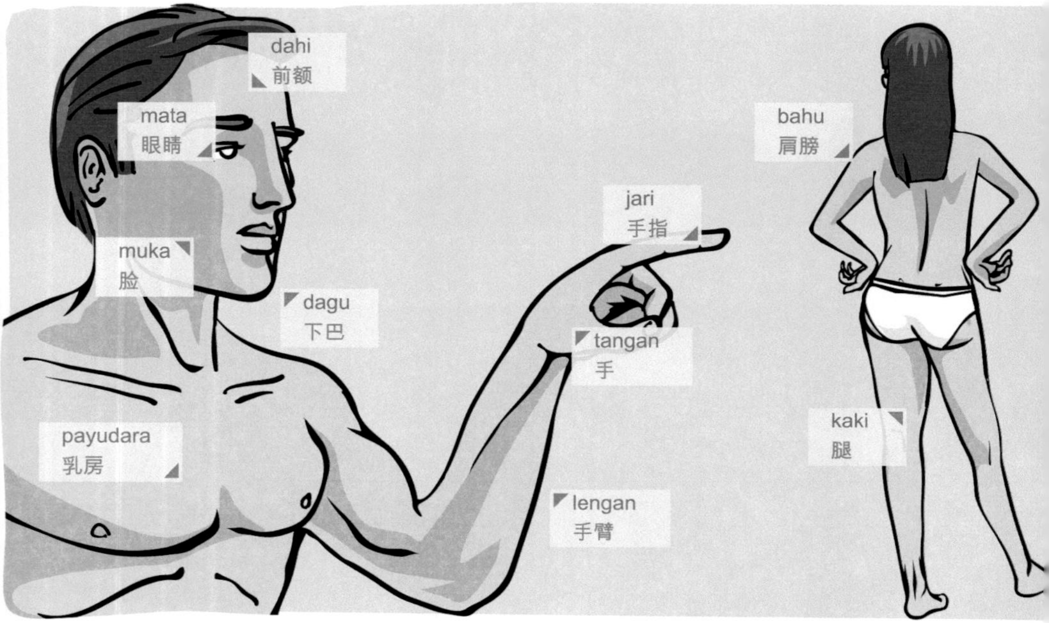

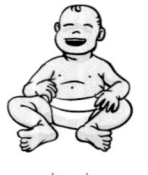

bayi
婴童

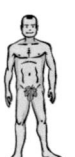

pria
男人

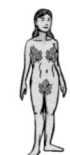

wanita
女人

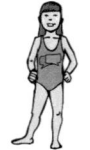

perempuan
女孩

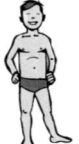

laki
男孩

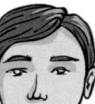

kepala
头

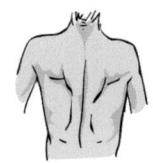

punggung

背部

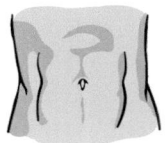

perut

肚子

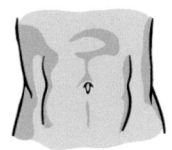

pusar

肚脐

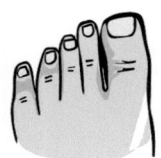

toe

脚趾

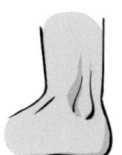

tumit

脚后跟

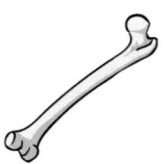

tulang

骨头

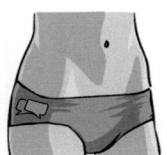

pinggang

臀部

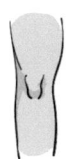

lutut

膝盖

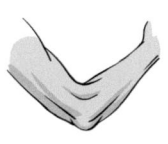

siku

手肘

hidung

鼻子

pantat

屁股

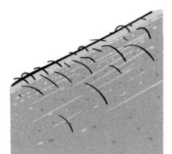

kulit

皮肤

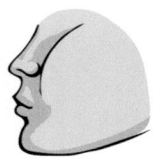

pipi

脸颊

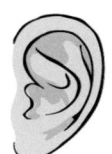

telinga

耳朵

bibir

嘴唇

mulut
嘴

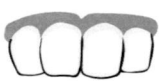

gigi
牙齿

lidah
舌头

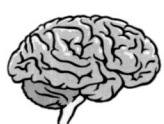

otak
脑

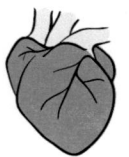

jantung
心脏

otot
肌肉

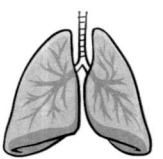

paru-paru
肺

hati
肝脏

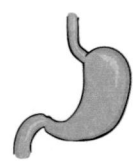

stomach
胃

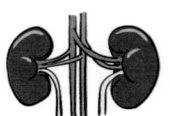

ginjal
肾脏

hubungan seks
性交

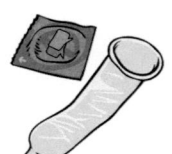

kondom
避孕套

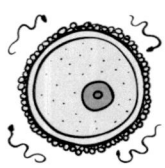

sel telur
卵子

sperma
精子

kehamilan
怀孕

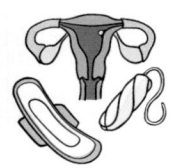

menstruasi

月经

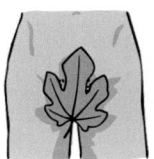

vagina

阴道

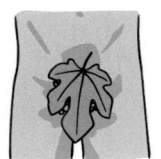

penis

阴茎

alis

眉毛

rambut

头发

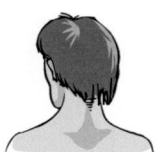

leher

脖子

rumah sakit

医院

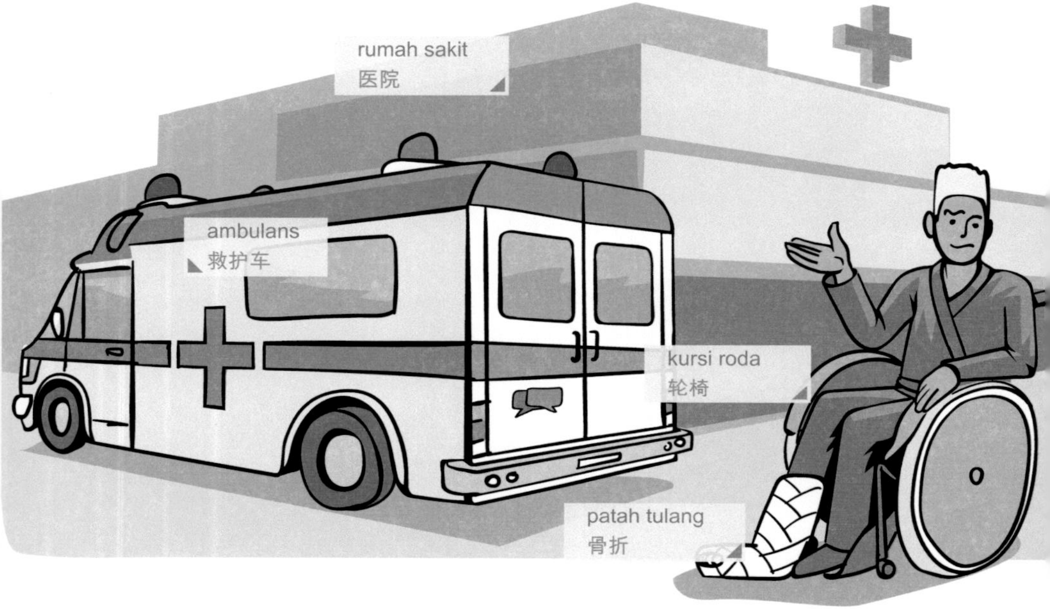

rumah sakit
医院
ambulans
救护车
kursi roda
轮椅
patah tulang
骨折

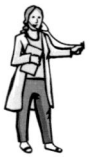

dokter

医生

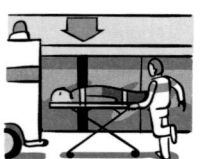

ruang darurat

急诊室

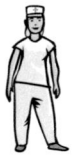

perawat

护士

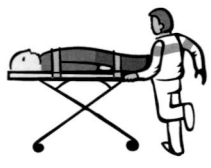

darurat

紧急情况

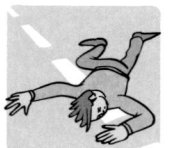

semaput

昏迷

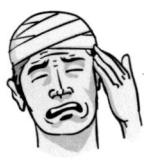

sakit

痛

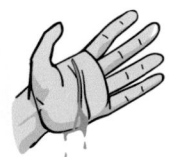

cedera

受伤

perdarahan

出血

serangan jantung

心脏病发作

stroke

中风

alergi

过敏

batuk

咳嗽

demam

发烧

flu

流感

diare

腹泻

sakit kepala

头痛

kanker

癌症

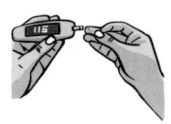

diabetes

糖尿病

ahli bedah

外科医生

pisau bedah

手术刀

operasi

手术

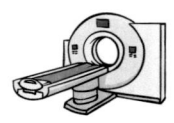

CT

CT

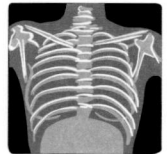

sinar x

X光

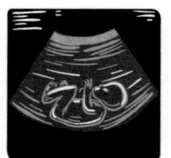

usg

超声波

topeng

口罩

penyakit

疾病

ruang tunggu

候诊室

penyokong

拐杖

plester

石膏

perban

绷带

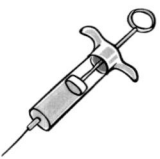

injeksi

注射

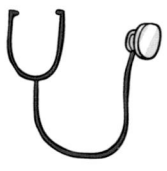

stetoskop

听诊器

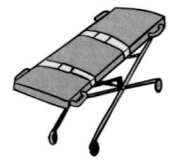

usungan

担架

termometer klinis

体温计

kelahiran

出生

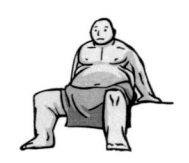

kelebihan berat badan

超重

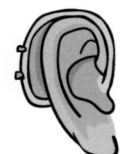

alat pendengar

助听器

desinfektan

消毒液

infeksi

感染

virus

病毒

HIV / AIDS

艾滋病

obat

药物

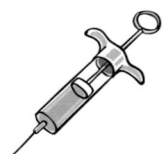

vaksinasi

接种疫苗

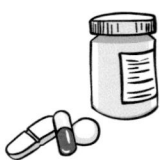

tablet

药片

pil

药丸

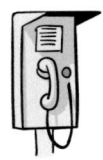

panggilan darurat

急救电话

ukur tekanan darah

血压计

sakit / sehat

生病/健康

Tolong!
救命！

alarm
警报

penyerbuan
突击

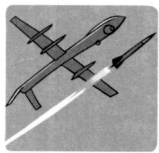
serangan
攻击

bahaya
危险

pintu darurat
紧急出口

Api!
着火啦！

alat pemadam kebakaran
灭火器

kecelakaan
意外

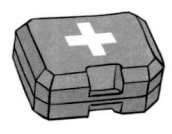
kit pertolongan pertama
急救箱

SOS
呼救信号

polisi
警察

Eropa

欧洲

Amerika Utara

北美洲

Amerika Selatan

南美洲

Afrika

非洲

Asia

亚洲

Australi

澳洲

Atlantik

大西洋

Pasifik

太平洋

Samudra India

印度洋

Samudra Antartika

南冰洋

Samudra Arktik

北冰洋

kutub utara

北极

kutub selatan

南极

Antarktika

南极洲

bumi

地球

tanah

陆地

laut

海

pulau

岛

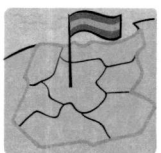

bangsa

国家

negara

国家

jam wajah

钟面

jarum pendek

时针

jarum menit

分针

jarum detik

秒针

Jam berapa?

现在几点？

hari

天

waktu

时间

sekarang

现在

jam digital

电子表

menit

分

jam

时

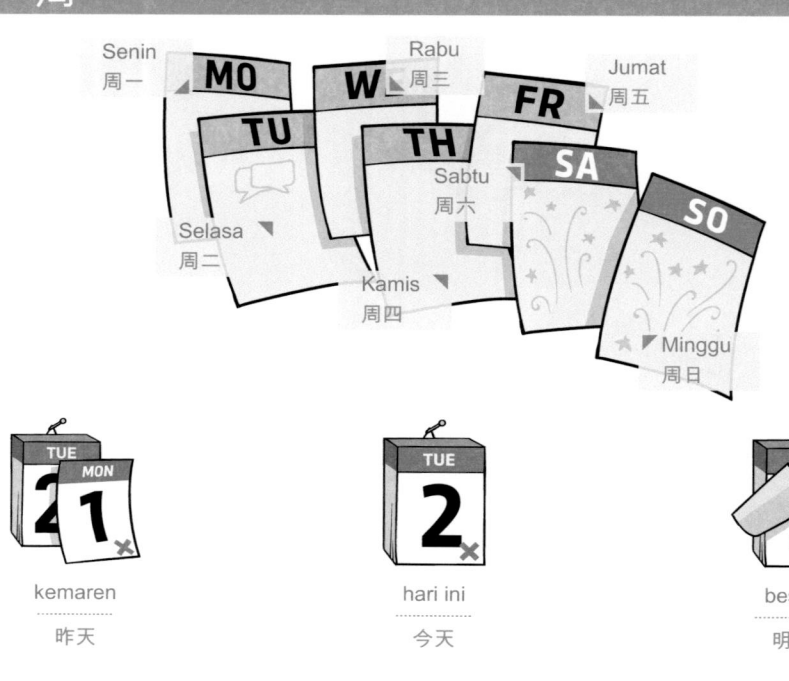

Senin 周一
Rabu 周三
Jumat 周五
Selasa 周二
Sabtu 周六
Kamis 周四
Minggu 周日

kemaren

昨天

hari ini

今天

besok

明天

pagi

早晨

siang

中午

malam

晚上

hari kerja

工作日

akhir minggu

周末

hujan
雨

pelangi
彩虹

angin
风

salju
雪

musim semi
春

musim gugur
秋

musim panas
夏

musim dingin
冬

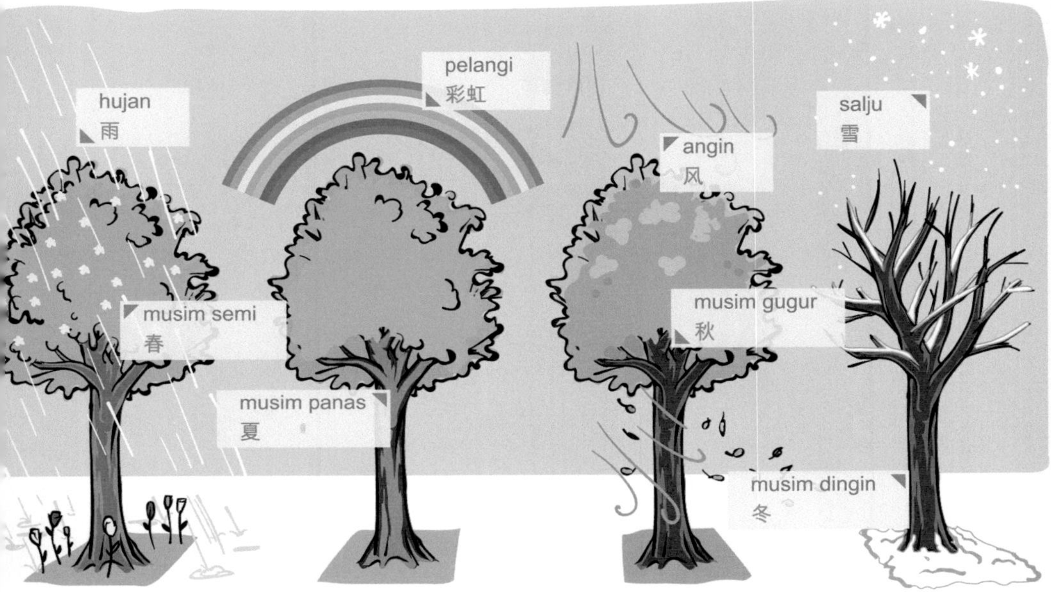

ramalan cuaca

天气预报

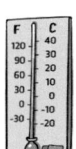

termometer

温度计

matahari

阳光

awan

云

kabut

雾

kelembahan

潮湿

kilat

闪电

guntur

打雷

badai

风暴

hujan es

冰雹

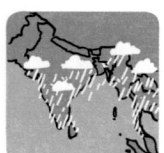

monsun

季风

banjir

洪水

es

冰

Januari

一月

Februari

二月

Maret

三月

April

四月

Mei

五月

Juni

六月

Juli

七月

Agustus

八月

September

九月

Oktober

十月

November

十一月

Desember

十二月

bentuk
形状

lingkaran

圆形

persegi

正方形

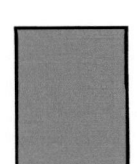

persegi panjang

长方形

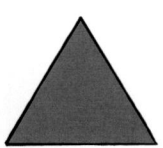

segi tiga

三角形

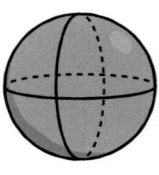

bola

球体

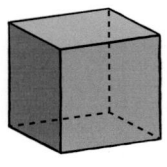

kubus

立方体

putih

白

kuning

黄

oranye

橙

pink

粉

merah

红

ungu

紫

biru

蓝

hijau

绿

coklat

棕

abu-abu

灰

hitam

黑

banyak / sedikit

很多/少许

marah / tenang

生气/平静

cantik / jelek

美/丑

mulaih / selesai

首/尾

besar / kecil

大/小

terang / gelap

明/暗

saudara laki-laki / saudara
perempuan

兄弟/姐妹

bersih / kotor

干净/肮脏

lengkap / tidak lengkap

完整/缺失

hari / malam

白天/晚上

mati / hidup

死/生

luas / sempit

宽/窄

dapat dimakan / tidak dapat dimakan

可食用/非食用

jahat / baik

邪恶/善良

bersemangat / bosan

兴奋/无聊

gemuk / kurus

胖/瘦

pertama / terakhir

第一/最后

teman / musuh

朋友/敌人

penuh / kosong

满/空

keras / lembut

硬/软

berat / enteng

重/轻

lapar / haus

饿/渴

sakit / sehat

生病/健康

ilegal / legal

非法/合法

cerdas / bodoh

聪明/愚笨

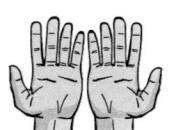

kiri / kanan

左/右

dekat / jauh

近/远

baru / bekas

新/旧

tidak ada apapun / sesuatu

没有/有些

tua / muda

老/幼

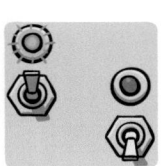

nyala / mati

开/关

buka / tutup

打开/合上

tenang / keras

安静/吵闹

kaya / miskin

富/穷

benar / salah

对/错

kasar / halus

粗糙/光滑

sedih / gembira

伤心/高兴

pendek / panjang

短/长

pelan-pelan / cepat

慢/快

basah / kering

湿/干

hangat / sejuk

温暖/凉爽

perang / damai

战争/和平

0

nol

零

1

satu

一

2

dua

二

3

tiga

三

4

empat

四

5

lima

五

6

enam

六

7

tujuh

七

8

delapan

八

9

sembilan

九

10

sepuluh

十

11

sebelas

十一

12

duabelas

十二

13

tigabelas

十三

14

empatbelas

十四

15

limabelas

十五

16

enambelas

十六

17

tujuhbelas

十七

18

delapanbelas

十八

19

sembilanbelas

十九

20

duapuluh

二十

100

seratus

百

1.000

seribu

千

1.000.000

juta

百万

Inggris

英语

bahasa Inggris Amerika

美式英语

bahasa Cina Mandarin

普通话

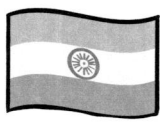

bahasa Hindi

印地语

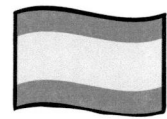

bahasa Spanyol

西班牙语

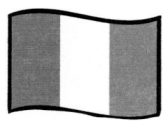

bahasa Perancis

法语

bahasa Arab

阿拉伯语

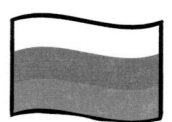

bahasa Rusia

俄语

bahasa Portugis

葡萄牙语

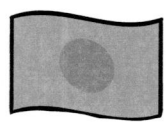

bahasa Bengal

孟加拉语

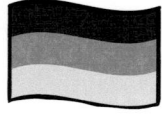

bahasa Jerman

德语

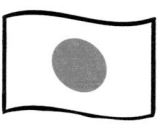

bahasa Jepang

日语

saya

我

kamu

你

dia

他/她/它

kita

我们

kalian

你们

mereka

他们

siapa?

谁？

apa?

什么？

begaimana?

怎样？

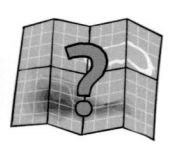

dimana?

哪里？

kapan?

什么时候？

nama

名字

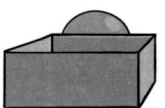

dibelakang

后面

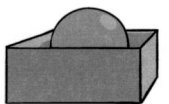

di

里面

didepan

前面

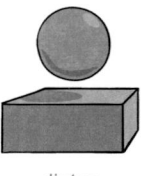

diatas

上方

diatas

上面

dibawah

下面

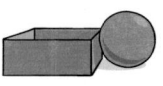

sebelah

旁边

di antara

中间

tempat

地点